CARRERAS DE MOTOS

A Toda Velocidad

Flat Track

JIM MEZZANOTTE

GARETH**STEVENS**

GS

P U B L I S H I N G

A Member of the WRC Media Family of Companies

Please visit our web site at: www.garethstevens.com
For a free color catalog describing Gareth Stevens Publishing's
list of high-quality books and multimedia programs, call
1-800-542-2595 (USA) or 1-800-387-3178 (Canada).
Gareth Stevens Publishing's fax: (414) 332-3567.

Library of Congress Cataloging-in-Publication Data

Mezzanotte, Jim.
   [Flat track. Spanish]
   Flat track / by Jim Mezzanotte.
      p. cm. — (Carreras de motos: A toda velocidad)
   Includes bibliographical references and index.
   ISBN 0-8368-6439-5 (lib. bdg.)
   ISBN 0-8368-6577-4 (softcover)
   1. Speedway motorcycle racing—Juvenile literature. I. Title.
GV1060.145.M49   2006
796.7'5—dc22   2005033882

This edition first published in 2006 by
Gareth Stevens Publishing
A Member of the WRC Media Family of Companies
330 West Olive Street, Suite 100
Milwaukee, WI 53212 USA

This edition copyright © 2006 by Gareth Stevens, Inc.

Editor: Leifa Butrick
Cover design and layout: Dave Kowalski
Art direction: Tammy West
Picture research: Diane Laska-Swanke
Translators: Tatiana Acosta and Guillermo Gutiérrez

Technical Advisor: Kerry Graeber

Photo credits: Cover, pp. 5, 7, 9, 11, 13, 15, 17, 19, 21 © Dave Hoenig

Printed in the United States of America

1 2 3 4 5 6 7 8 9 10 09 08 07 06

CONTENIDO

Cubierta: En las carreras de *flat track*,
las motos levantan la tierra.
¡Son carreras apasionantes!

El mundo del *flat track*

¿Avanzan de lado las motocicletas? ¡En el mundo de las carreras de *flat track* sí lo hacen! Este tipo de carreras de motos se celebra en circuitos de tierra. Los circuitos tienen forma de óvalo. Los corredores pasan a toda velocidad en las rectas. En las curvas, las ruedas traseras derrapan. Los corredores toman las curvas de lado.

Las carreras de *flat track* son un deporte de Estados Unidos también conocido como *dirt track*. Este deporte comenzó a practicarse a comienzos del siglo XX. Es una de las pruebas de motos más antiguas. Con el paso de los años, han ido apareciendo otros tipos de carreras, pero mucha gente aún prefiere las carreras de *flat track*. ¡Son carreras llenas de derrapajes!

En las carreras de *flat track*, los corredores derrapan en la tierra. Por lo general, van muy cerca unos de otros.

Grand National

Los mejores corredores **profesionales** compiten en el Campeonato *Grand National*. Esta serie de carreras se celebra entre marzo y octubre. La organización *AMA Pro Racing*, que forma parte de la Asociación de Motociclistas Americanos, o AMA, establece las reglas de las carreras.

El día de las carreras, los corredores compiten primero en **tandas eliminatorias**. Los corredores más rápidos se **clasifican** para la última carrera, o prueba principal. Antes de la salida, los corredores se sitúan en filas. El corredor más rápido obtiene la primera posición, o *pole*. La prueba principal suele durar veinticinco vueltas.

Los corredores obtienen puntos por sus actuaciones en cada prueba principal. Al final de la temporada, el corredor con más puntos se proclama campeón.

Una bandera a cuadros indica la llegada de una carrera del *Grand National*. Los profesionales consiguen puntos en cada prueba.

Circuitos de tierra

Los circuitos de *flat track* se construyen en terrenos nivelados, cuya superficie es de tierra dura y compacta. Tienen forma de óvalo. Por ello, cuentan con cuatro curvas amplias, todas iguales. Algunos circuitos tienen curvas peraltadas, o elevadas. En esas curvas, el exterior es más alto que el interior.

Las carreras del *Grand National* se realizan en diferentes tipos de circuitos. En algunos circuitos, una vuelta tiene, aproximadamente, 1 milla (1.6 kilómetros). En otros, una vuelta es la mitad de esa distancia. Algunos circuitos son aún más cortos. Unos pocos circuitos son para pruebas de *Tourist Trophy*, o T.T., y tienen curvas cerradas y cambios de nivel.

Hay diversos tipos de pistas de *flat track*. Ésta se encuentra en Ohio. En cada vuelta se cubre una distancia de media milla.

Derrapajes

Las carreras de *flat track* requieren fuerza y destreza. Los corredores deben tener un buen control de sus motos. Compiten a gran velocidad sobre una tierra muy deslizante.

En las rectas, los corredores se agachan para penetrar mejor el aire. Mantienen los codos pegados al cuerpo y bajan la cabeza. Alcanzan velocidades superiores a las 130 millas (209 km) por hora. En las curvas, los corredores mantienen la velocidad mientras controlan sus derrapajes. Para ayudarse, extienden una pierna, que **roza** el suelo.

Cuando comienza la carrera, los corredores tratan de conseguir el *hole shot*, o ponerse a la cabeza, antes de la primera curva. Adelantar puede ser difícil. Por eso, los corredores quieren estar delante desde el principio.

Unos corredores aceleran en una recta. Observa cómo se agachan apoyándose sobre la moto.

Unas motos únicas

Los mejores profesionales compiten sobre unas máquinas especiales. Son motos que no se pueden llevar por vías públicas. Han sido creadas con un sólo propósito —¡ganar carreras de *flat track*! Grupos reducidos de trabajadores hacen estas motos *custom*, es decir, por encargo. Sólo se fabrica un número limitado de estas motos.

Los motores proceden de compañías que hacen motos de calle. Estos motores son **modificados** para producir más **caballos de potencia**. Muchas motos de *flat track* usan motores de Harley-Davidson de dos **cilindros**, dispuestos en forma de "V".

En la mayoría de las carreras, estas motos no tienen frenos delanteros. Los corredores apenas usan los frenos. Hasta cuando toman las curvas van a gran velocidad. ¡Las primeras motos ni siquiera tenían frenos traseros!

Estas son motos para carreras de *flat track*. No tienen luces ni frenos delanteros.

Seguridad ante todo

Las carreras de *flat track* pueden ser un deporte peligroso. Los corredores chocan entre sí. A veces, pierden el control y caen. Por eso, necesitan medidas de seguridad.

Un casco resistente protege la cabeza y el rostro de los corredores. Unas gafas les protegen los ojos. Un traje de cuero les protege el cuerpo. Los corredores llevan guantes y unas pesadas botas. La bota izquierda tiene una placa de acero en la suela. En los circuitos de *flat track*, los corredores siempre giran a la izquierda. Durante los derrapajes, sacan el pie izquierdo. La bota de ese pie recibe el nombre de *hot shoe*.

Los comisarios de carrera usan banderas como medida de seguridad. Si un corredor cae, sacan una bandera amarilla. En ese momento, los corredores no pueden adelantar. Una bandera roja detiene la carrera.

Un corredor derrapa en una curva. Observa cómo extiende la pierna con el *hot shoe*, una bota con una placa de acero.

Camino al éxito

La mayoría de los profesionales de *flat track* comienzan desde pequeños. Primero corren como **aficionados**. Hay carreras locales en muchos lugares. En ellas participan corredores de todas las edades. ¡Los más jóvenes tienen cuatro años de edad! Los mejores aficionados compiten en los campeonatos nacionales.

Los corredores que triunfan en las carreras de aficionados pueden hacerse profesionales. Para ello tienen que conseguir una licencia especial que les permite competir profesionalmente. La mayoría de los nuevos profesionales no empiezan en seguida a competir en carreras del *Grand National*. Primero participan en otras carreras profesionales.

Sólo unos pocos corredores llegan al Campeonato *Grand National*. ¡Allí competirán con los mejores corredores!

Unos jóvenes aficionados compiten en una prueba. Algunos de ellos es posible que sean profesionales algún día.

Gigantes del
flat track

Chris Carr se hizo profesional de *flat track* en
1985. Desde entonces ha sido siete veces campeón
del *Grand National*. Entre 2001 y 2005 ha sido
campeón cinco años seguidos. Carr ha competido
también en **carreras de** *superbikes*. Además, ha
enseñado **técnicas** de pilotaje a otros corredores.

Cuando Carr fue campeón por primera vez, tuvo
que vencer a Scott Parker. Parker es uno de los
mejores corredores de *flat track* de la historia.
Fue campeón nueve veces, y ganó noventa y cuatro
carreras del *Grand National*. Parker se retiró en
el año 2000.

Estos dos corredores se hicieron profesionales
siendo adolescentes. No fueron campeones desde
el principio. Tuvieron que competir durante
muchos años. ¡Necesitaron tiempo para llegar a ser
los mejores!

Chris Carr ha aprovechado bien sus años de experiencia
en carreras. Ha sido campeón muchas veces.

¡A competir!

Es día de carrera. Te sitúas en la línea de salida con los otros corredores. Un comisario hace ondear una bandera verde. Los motores hacen un ruido ensordecedor mientras los corredores aceleran hacia la primera curva

Otro corredor consigue el *hole shot.* ¡Tienes que adelantar a algunos corredores! En las curvas, extiendes la pierna del *hot shoe.* Haces girar el **acelerador** y la rueda de atrás derrapa hacia el exterior. En las rectas, te agachas para conseguir más velocidad. Buscas los surcos en la tierra, la parte donde las motos van más deprisa.

Cada vez queda menos tiempo. Sigues buscando cómo adelantar. ¿Alcanzarás al líder antes de la línea de meta?

Estos corredores deben controlar el derrapaje de sus motos. Al mismo tiempo, buscan una oportunidad para adelantar.

GLOSARIO

acelerador: parte de la motocicleta que controla la cantidad de gasolina que llega al motor. Los corredores accionan el acelerador haciendo girar una empuñadura del manillar.

aficionados: en deportes, personas que compiten por placer y no para ganar dinero

caballo de potencia: cantidad de potencia producida por un motor, basada en el trabajo que puede realizar un caballo

carreras de *superbikes*: deporte en el que los corredores compiten en motocicletas de calle modificadas, corriendo en circuitos asfaltados con muchas curvas y rectas largas

cilindros: tubos que están en el interior de un motor, donde se produce la explosión del combustible

clasificarse: en las carreras, conseguir un puesto en la prueba principal

modificado: cambiado

pole: al inicio de una carrera, el punto desde el que parte el corredor que tiene el mejor tiempo

custom: hecha por encargo

profesionales: en deportes, personas que por tener una especial habilidad compiten para ganar dinero

rozar: tocar la superficie suavemente

tandas eliminatorias: carreras en las que los corredores se clasifican para la prueba principal

técnicas: métodos o maneras de hacer algo

Libros

Dirt Track Racing. Motorcycles (series). Ed Youngblood (Capstone Press)

Harley-Davidson Racing 1934-1986. Allan Girdler (Motorbooks International)

Motorcycles. Race Car Legends (series). Jeff Savage (Chelsea House)

Videos

Made in the USA (Monterey Home Video)

Páginas Web

www.amaflattrack.com
Página oficial de las carreras de *flat track* de la AMA. Dispone de información sobre corredores y carreras, además de fotografías.

www.americansupercamp.com
Página de *American Supercamp*. Esta organización enseña a corredores de todas las edades a correr en tierra. Esta página presenta muchas fotografías de jóvenes corredores aficionados.

www.chriscarr.com
En esta página dispones de toda la información sobre Chris Carr. Haz "clic" en las fotografías para ver imágenes de Chris en carreras de *flat track*, incluyendo algunas de cuando era muy joven.

www.dtol.com
Página de *Dirt Track Online*, una revista sobre carreras de *dirt track*. Haz "clic" en las fotografías para ver imágenes de muchas carreras de *flat track*.

www.motorcyclemuseum.org/halloffame/hofbiopage.asp?id=305
Esta página ofrece información sobre el gran campeón de *flat track* Scott Parker.

ÍNDICE